Fondue

BECKY JOHNSON

Fondue

Bassermann

ISBN: 978-3-8094-8034-1

Umschlag- und Boxgestaltung: Atelier Versen, Bad Aibling
Realisation der deutschen Ausgabe: trans texas publishing, Köln
Übersetzung: Katrin Höller
Lektorat: Christina Kuhn
Projektleitung: Anja Halveland
Rezepte und Foodstyling: Karen Gillingham
Fotos: Tim Auty
Foodstyling: Becky Johnson
Layout: Paul Oakley at Blue Banana

Satz: Swetlana Dadaschewa
Druck: Anpak Printing Ltd., Hongkong

Printed in China

817 2635 4453 6271

Inhalt

Zur Einführung

Fondues sind heiß – und das bezieht sich nicht nur auf ihre Temperatur! Lange Zeit waren Fondues den Festessen im engsten Familienkreis vorbehalten. Doch heute werden sie für die moderne Art des Kochens wiederentdeckt: Sie sind schnell und einfach zubereitet, vielseitig und eine sehr gesellige Angelegenheit. Machen Sie also beim großen Fonduerevival mit!

Unten: *Auch das ist Fondue: ein mongolischer Feuertopf, bei dem frisches Gemüse und Meeresfrüchte auf Zitronengrasstängel aufgespießt und dann in Brühe gegart werden.*

Oben: *Panierte Fischhäppchen sind ideal für ein Fondue mit Öl, denn sie sind in wenigen Minuten gar.*

In diesem Buch wird der Begriff „Fondue" weit gefasst: Gemeint ist jede Flüssigkeit, die heiß auf den Esstisch kommt und dort warm gehalten wird, sodass jeder Gast leckere Kleinigkeiten zum Garen hineintauchen kann. Hier finden Sie Rezepte mit cremigen Saucen aus geschmolzenem Käse; duftende Brühen, die auch als

Suppe verspeist werden können, nachdem köstliche Häppchen darin gegart wurden; sowie Fondues aus heißem Öl, in dem saftiges Fleisch, Fisch oder Meeresfrüchte und Gemüse knusprig frittiert werden, bevor man sie in leckere Saucen dippt. Daneben sind in diesem Buch unwiderstehliche süße Fondues mit fruchtigen oder cremigen Saucen, Früchten und Gebäck zusammengestellt.

Alle Rezepte – eine Auswahl an Fonduegerichten aus der ganzen Welt – wurden sorgfältig ausprobiert. Natürlich braucht so ein Fondue immer ein wenig Vorbereitung, aber die ist wirklich nicht aufwendig. Sitzen die Gäste dann am Tisch, fängt der Spaß erst richtig an, denn schließlich macht jeder Gast beim Kochen selbst mit und der Gastgeber muss sich ab jetzt kaum noch kümmern.

Das Buch startet mit einem beliebten Klassiker: dem cremigen, traditionellen Schweizer Käsefondue. Danach geht es rund um die Welt – wer hätte gedacht, dass es überall Fondues gibt: ein zart schmelzendes Tomaten-Mascarpone-Fondue mit ausgebackenen Auberginen aus Italien, würzige marokkanische Fleischbällchen mit Harissa-Dip aus Nordafrika oder eine aromatische Tom-Yam-Suppe aus Thailand.

Bei den süßen Fondues finden Sie viele köstliche Inspirationen: ein himmlisches Schokoladenfondue mit süßen, pochierten Birnen, die auf der Zunge zergehen, und Eiscreme zum Dippen. Fruchtig und exotisch sind frittierte Bananen mit Papayacreme oder das Brombeerfondue mit Feigen und Marzipangebäck – da läuft den großen und kleinen Feinschmeckern das Wasser im Munde zusammen!

Oben: *Das frische Brombeerpüree-Fondue ist nur eine der süßen Fonduevarianten, die von cremigen Vanille- und Schokoladensaucen bis zu exotischer Papayacreme mit frittierten Häppchen reichen.*

Oben: *Beim Käsefondue ist Knoblauchbrot eine prima Abwechslung zu den traditionellen Weißbrotwürfeln.*

Oben: *Spiritusbrenner (links) und Aluschälchen mit Brennpaste (oben rechts) geben genügend Hitze für Fondues mit Öl und Brühe ab. Teelichter (unten rechts) eignen sich nur dafür, Saucen warm zu halten, was bei empfindlichen Käse- oder Schokosaucen, die schnell anbrennen, von Vorteil sein kann.*

Utensilien

Für einen Fondueabend muss nicht gleich ein komplettes Fondueset angeschafft werden – aber ein wenig Zubehör ist notwendig und hilfreich.

Wärmequellen

Die einfachste Art der Wärmequelle ist ein Teelicht oder eine kleine Kerze. Für ein Schokoladenfondue reicht das auch aus, aber für ein Fondue mit Öl oder Brühe braucht man einen Brenner aus Edelstahl. Es gibt zwei Sorten: Der eine Brenner wird mit einer brennbaren Flüssigkeit, meist Brennspiritus, vorsichtig gefüllt und dann angezündet. Bei dem anderen gibt es ein kleines Aluschälchen mit Brennstoff auf Gelbasis, das man in den Brenner legt und nach Gebrauch wegwirft. Zum Brenner gehört ein kleiner Deckel, mit dem man auch die Hitze regulieren kann.

Es gibt auch elektrische Fonduesets, die prima sind, um Ölfondues konstant heiß zu halten – was dabei aber fehlt, ist natürlich das Gefühl, über einer Flamme zu kochen.

Feuertöpfe

Der sogenannte mongolische Feuertopf besteht aus einem großen Topf, meist aus Aluminium, mit einer Art Wärmeschacht in der Mitte. Er steht auf einem Gestell, in das traditionell glühende Kohle gelegt wird, um die Flüssigkeit im Topf zu erhitzen.

Rechts: *Der traditionelle mongolische Feuertopf aus Aluminium ist ideal für die Fondues auf Brühebasis, aber Sie brauchen nicht gleich einen solchen Topf zu kaufen – es genügt auch ein normaler großer Topf, eine hitzebeständige Kasserolle oder ein kleiner Wok.*

Oben: *Fonduetöpfe können einen oder zwei Griffe haben. Töpfe mit zwei Griffen bieten mehr Sicherheit.*

Rechauds/Topfständer

Ein Rechaud ist ein Warmhaltegestell und besteht aus einem Ständer, in den der Fonduetopf hineingestellt wird, und einem Sockel, in dem sich die Wärmequelle befindet.

Fonduetöpfe

Sie brauchen nicht unbedingt einen speziellen Fonduetopf. Auf einem Rechaud kann man jede Art von hitzebeständigem Schmor- und Kochtopf platzieren. Töpfe aus Edelstahl sind am besten für Ölfondues geeignet und Töpfe mit schwerem Boden für Käsefondues.

Fonduesets

Komplette Fonduesets, bestehend aus Topf, Rechaud, Brenner und Fonduegabeln, sind heute nicht mehr teuer.

Besteck

Wenn die Häppchen in der Flüssigkeit gekocht werden, brauchen Sie dafür spezielles Besteck. Geeignet sind – je nach Art des Fondues – Fonduegabeln mit Griffen sowie Drahtkörbchen, Essstäbchen oder Holzzangen als authentisches Zubehör für die Zubereitung von fernöstlichen Fondues.

Oben: *Einige Fonduesets haben einen praktischen Spritzschutz, der die Hände vor Ölspritzern schützt.*

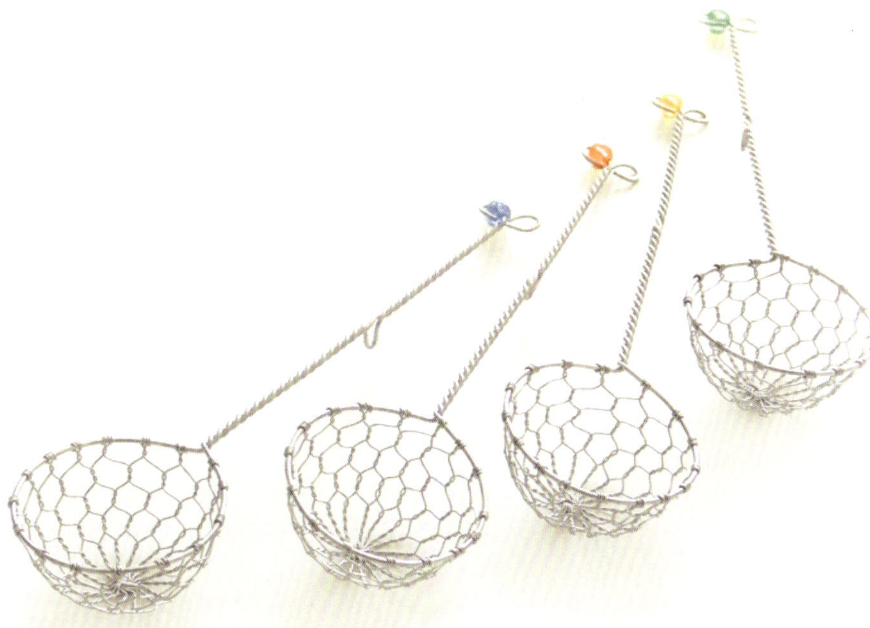

Rechts: *Die Drahtkörbchen dienen nur zum Herausfischen gegarter und frittierter Speisen; sie dürfen nicht lange in der heißen Flüssigkeit bleiben, da sonst die Griffe heiß werden.*

Techniken und Anleitung

Einen Fonduetopf sollte man nicht mit Essen überfüllen. Laden Sie also nicht zu viele Gäste ein – vier bis sechs (pro Fonduetopf) sind genau richtig. Prüfen Sie, ob Ihr Fonduetopf auch auf dem Herd verwendet werden kann – wenn nicht, erhitzen Sie die Flüssigkeit zunächst in einem kleinen Topf und füllen Sie sie dann in den Fonduetopf um.

Unten: *Rühren Sie die Sauce beim Dippen um, damit sie cremig bleibt.*

Käsefondues

Reiben Sie die Innenseite des Fonduetopfes mit der Schnittseite einer Knoblauchzehe aus.

Reiben oder zerkrümeln Sie den Käse, damit er schneller schmelzen kann, und erhitzen Sie ihn nur langsam, da er schnell anbrennt.

Das fertige Fondue sollte eine glatte, sahnige Konsistenz haben. Falls das nicht der Fall ist, geben Sie einen Spritzer Zitronensaft hinzu.

Fondues mit Brühe

Verwenden Sie eine aromatische Brühe und füllen Sie den Topf höchstens zu zwei Dritteln. Geben Sie jede Art Pasta in die Brühe, falls Sie sie noch als Suppe servieren möchten, nachdem alle Häppchen gegart worden sind.

Fondues mit Öl

Benutzen Sie ein Küchenthermometer, um die Temperatur des Öls zu überprüfen – sie sollte

190 °C betragen. Wenn Sie bei der Vorbereitung das heiße Öl von einem normalen Topf in den Fonduetopf umfüllen, machen Sie dies am besten über der Spüle.

Sobald der Topf mit dem Öl auf dem Rechaud am Tisch steht, stellen Sie den Brenner auf die höchste Stufe ein (alle Luftlöcher sollten ganz offen sein). Garen Sie nicht zu viele Häppchen auf einmal, denn dadurch kühlt das Öl schneller ab oder es schäumt und kocht über. Wenn die Temperatur zu stark absinkt, sollten Sie den Topf mit dem Öl auf dem Herd vorsichtshalber noch einmal erhitzen.

Süße Fondues

Süße Saucen und Pürees können Sie vorkochen und im Kühlschrank aufbewahren. Vanillesaucen sollten vorsichtig erwärmt werden, da sie bei zu starker Hitze gerinnen. Sollte das passieren, stellen Sie den Topf in eine Schüssel mit kaltem Wasser und geben Sie unter schnellem Rühren etwas kalte Milch oder Sahne hinzu.

Fruchtpürees müssen dickflüssig sein, um die eingetauchten Häppchen gut zu überziehen – notfalls mit etwas Speisestärke andicken.

Beim Schmelzen sollte die Schokolade nicht zu heiß werden, da sie sonst festbackt. Geben Sie zuvor die Flüssigkeit hinzu und fangen Sie nicht an zu rühren, bevor die Schokolade ganz geschmolzen ist.

Oben: *Zum Warmhalten von empfindlichen Fondues aus Vanille- oder Schokosauce, die leicht anbrennen, empfiehlt sich ein einfaches Teelicht.*

ZUR SICHERHEIT

- *Öl kann im Topf entflammen, wenn es überhitzt wird. Sollte das passieren, legen Sie sehr vorsichtig einen Deckel über den Topf, um die Luftzufuhr zu unterbinden. Niemals Wasser in brennendes Öl gießen!*
- *Die Häppchen müssen trocken getupft sein, denn feuchte Speisen lassen das Öl spritzen.*

- *Schützen Sie Ihre Hände, wenn Sie einen heißen Topf anfassen.*
- *Prüfen Sie, ob der Fonduetopf sicher auf dem Rechaud steht.*
- *Lassen Sie den angezündeten Brenner oder eine Kerze nie unbeaufsichtigt.*

Zutaten

Oben: *Weichkäse, wie zum Beispiel Ziegenkäse, werden meist in Milch geschmolzen statt in Zitronensaft oder Alkohol.*

Das Schöne an Fondues ist ihre Einfachheit: Man braucht nur ganz wenige Zutaten, um ein tolles Essen zu servieren.

Käse

Die klassischen Käsefondues werden aus milden Schweizer Käsesorten gemacht, wie beispielsweise Emmentaler, Greyerzer oder Appenzeller, die im geschmolzenen Zustand eine schöne sämige Struktur bekommen. Sie müssen mit säurebetontem Wein, Likör oder Zitronensaft erhitzt werden, damit eine glatte Sauce entsteht. Andere geeignete Käsesorten für ein Fondue sind zum Beispiel Beaufort, Mozzarella, Edamer, Fontina und Cheddar.

Für die leichteren Käsefondues, in denen Weichkäse und weniger Alkohol verarbeitet werden, nimmt man je nach Geschmack kräftigen bis milden Ziegenkäse oder sehr milde, aber aromatische Frischkäsezubereitungen, Ricotta oder Mascarpone. Der starke Geschmack von Blauschimmelkäse passt auch sehr gut, vom cremigen Gorgonzola bis hin zum stärker riechenden und krümeligen Stilton. Diese Käsesorten werden in Milch statt in Alkohol oder Zitronensaft geschmolzen.

Rechts: *Feste Käsesorten wie Greyerzer oder Emmentaler werden zusammen mit Wein, Likör oder Zitronensaft erhitzt.*

Rechts: *Hartkäse sollten mit trockenen, säurebetonten Weinen, wie Zinfandel oder Schweizer Gutedel, erhitzt werden.*

Alkohol

Für die härteren Käsesorten nimmt man einen säurebetonten Rotwein oder jeden vollmundigen, trockenen Weißwein.

Einen fruchtigen Geschmack erzielen Sie mit Cidre; zu einem sehr reifen Hartkäse passt eine hefetrübe Biersorte.

Liköre, vor allem Kirschwasser, sorgen für ein cremiges Käsefondue. Die Schokoladenfondues erhalten eine leichte Orangennote mit Cointreau oder Grand Marnier, Kaffeegeschmack mit Kahlúa und ein leichtes Mandelaroma mit Amaretto. Fruchtpürees bekommen durch Obstliköre einen intensiveren Geschmack.

Öl

Helle und milde Öle, die stark erhitzt werden können, ohne zu rauchen, eignen sich für Fondues am besten: Pflanzen-, Maiskeim-, Sonnenblumen- oder Sojaöle. Olivenöl, Sesam- oder Nussöle haben einen zu starken Eigengeschmack und sind außerdem nicht für hohe Temperaturen geeignet. Falls Sie aber diesen Geschmack mögen, geben Sie ein oder zwei Esslöffel davon zu einem milderen Öl dazu.

Unten: ***Für Ölfondues eignen sich am besten milde Öle wie Pflanzen- oder Sonnenblumenöl.***

Oben: ***Intensiv schmeckende Schokolade mit einem hohen Kakaoanteil eignet sich für Schokoladenfondues am besten.***

Schokolade

Die dunkelsten Schokoladensorten sind auch die teuersten, denn sie enthalten den höchsten Kakaoanteil – bis zu 90 Prozent (Vollmilchschokolade dagegen enthält maximal 30 Prozent Kakao). Der Kakaogeschmack einer dunklen Schokolade wie beispielsweise Zartbitterschokolade setzt sich auch dann durch, wenn Sie zum Fondue noch zusätzlich Sahne und Zucker hinzufügen.
Um ein süßeres, milderes Fondue zu erhalten, verwenden Sie Vollmilch- oder weiße Schokolade. Nehmen Sie für ein Fondue jedoch keine Blockschokolade – der Geschmack ist nicht fein genug.

Schmelzen Sie Schokolade vorsichtig im Wasserbad; dafür stellen Sie ein hitzebeständiges Gefäß über einen Topf mit köchelndem Wasser. Achten Sie darauf, dass das Gefäß nicht im Wasser steht und lassen Sie die Schokolade nicht überhitzen.

Einfaches zum Dippen

Oben und rechts: *Sesamstangen eignen sich gut zum Dippen, wie auch Gewürzgurken, Tortilla-Chips und Oliven.*

Eine Auswahl fertig gekaufter oder extra vorbereiteter Häppchen ist zum Dippen ideal und benötigt nur wenig oder gar keine Vorbereitung. Viele dieser Leckerbissen finden Sie in diesem Buch.

Brot, Chips und Kräcker

Bieten Sie Brotsorten mit verschiedener Konsistenz an: zum Beispiel Weiß- oder Vollkornbrot, Sauerteigbrot, Brot mit Sesam- oder Mohnkruste und Nussbrot. Probieren Sie auch die italienischen Brotsorten – Focaccia oder Ciabatta mit Oliven, getrockneten Tomaten oder Zwiebeln. Wenn möglich, wählen Sie das Brot passend zum Käse des Fondues: Ein Fondue aus Dolcelatte-Käse passt perfekt zum Oliven- oder Tomaten-Focaccia. Das Brot kann gewürfelt oder in Scheiben bereitliegen; man kann es frisch verwenden, aber auch gegrillt, getoastet oder in etwas Butter und Öl kross geröstet.

Rechts: *Croûtons sind ideale mundgerechte Häppchen, aber frische Brotscheiben schmecken ebenso gut.*

Als einfache Häppchen für Käsefondues eignen sich auch Chips, Kräcker und Brotstangen, Letztere mit Schinken umwickelt. Achten Sie darauf, dass sie groß genug sind, um mit der Hand ins Fondue getaucht zu werden, und dass sie nicht gleich brechen und in den Topf fallen, wenn sie mit Sauce getränkt sind.

Zu einem süßen Fondue passen am besten Würfel oder Scheiben von süßerem Brot, wie zum Beispiel Stuten oder Hörnchen.

Obst

Manche Früchte, wie zum Beispiel Weintrauben und Äpfel, können sowohl in herzhafte als auch in süße Fondues getaucht werden. Für süße Fondues sind Erdbeeren, Kirschen, Pflaumen, Pfirsiche, Aprikosen und Nektarinen sehr gut geeignet. Lecker sind auch exotische Früchte wie Feigen, Ananas, Papayas, Mangos, Physalis und Litschis, außerdem Bananen und Zitrusfrüchte, die man das ganze Jahr bekommt. Noch unreife Früchte kann man kurz in Zuckersirup, Fruchtsaft oder einem fruchtigen Wein pochieren; besonders gut funktioniert das mit Birnen.

Kuchen und Kekse

Kleine Stücke von festem Kuchen oder Keksen lassen sich prima zum Dippen in süßen Fondues verwenden. Probieren Sie es mit Biskuit, Baumkuchen, Baisers, italienischen Mandelkeksen (Cantuccini), Butterkeksen, Plunderteilchen oder Chocolate-Chip-Cookies.

Gemüse

Frische Rohkost, in Streifen geschnitten, gibt einem Käsefondue etwas mehr Biss. Hier eignen sich Radieschen, Babykarotten, Babymaiskolben, Zuckererbsen, rote, orangefarbene und gelbe Paprika, junger Sellerie, Chicorée, Gurke und Fenchel. Andere Gemüsesorten sollten zuerst kurz in kochendem Salzwasser blanchiert werden, bis sie etwas weicher, aber immer noch bissfest sind – Spargelstangen, Blumenkohl- oder Brokkoliröschen und Frühlingszwiebeln.

Oben: *Knackiges, frisches Gemüse ist die perfekte Ergänzung zu einem cremigen Käsefondue, während Mandelkekse und kleine Früchte* (oben links) *wunderbar zu süßen Fondues passen.*

Links: *Zum Schokoladenfondue schmecken kleine Kuchenwürfel und eine Auswahl exotischer Früchte.*

Käse-
fondues

Cremige Saucen aus geschmolzenem Käse sind ein köstlicher Dip für alle möglichen Beilagen. Probieren Sie die aromatische italienische Fonduta, ein mildes Mascarpone-Fondue mit Tomaten oder ein Ziegenkäsefondue.

ZUTATEN

Für 4–6 Personen

1 Baguette

1–2 Knoblauchzehen, halbiert

1 kleiner Brokkoli, in Röschen zerteilt

1 kleiner Blumenkohl, in Röschen zerteilt

200 g Zuckererbsen oder grüne Bohnen, geputzt

115 g Babykarotten, das Grün gestutzt, oder 2 Karotten, in lange Stücke geschnitten

Salz

250 ml trockener Weißwein

120 g geriebener Greyerzer

250 g geriebener Emmentaler

1 EL Speisestärke

2 EL (30 ml) Kirschwasser

frisch geriebener schwarzer Pfeffer

frisch geriebene Muskatnuss

Für das Dressing

2 EL (30 ml) natives Olivenöl extra

abgeriebene Schale und Saft von 2 Zitronen

25 g frisch gehackte Petersilie

25 g frisch gehackte Minze

1 rote Chili, entkernt und fein gehackt

Dieses klassische Fondue wird traditionell nur mit Brotwürfeln serviert, hier stellen wir Ihnen eine Variation mit Gemüse-Kräuter-Häppchen vor.

Schweizer Käsefondue mit Kräutergemüse und Knoblauchbrot

Das Baguette schräg in etwa 1 Zentimeter breite Scheiben schneiden, diese von beiden Seiten toasten. Je eine Seite der Scheiben mit der Schnittfläche einer halbierten Knoblauchzehe abreiben.

Das Gemüse 2 Minuten in einem großen Topf mit kochendem Salzwasser blanchieren, dann in eine große Schüssel geben. Die Dressingzutaten sofort zufügen; alles würzen und gut vermischen.

Das Innere des Fonduetopfes mit der Schnittfläche einer halbierten Knoblauchzehe ausreiben. Den Wein hineingießen und langsam auf dem Herd erhitzen. Nach und nach unter ständigem Rühren den geriebenen Käse hinzufügen, bis er geschmolzen ist. Die Speisestärke mit dem Kirschwasser verrühren und hinzufügen, dann weiterrühren, bis die Creme etwas dicker ist.

Mit Salz, Pfeffer und Muskatnuss abschmecken. Wenn das Fondue heiß und glatt gerührt ist, aber nicht kocht, den Topf auf das Rechaud stellen.

ZUTATEN

Für 6 Personen

225 g griechischer Joghurt
150 ml Milch
450 g Feta-Käse, zerkrümelt
1 EL Speisestärke
Salz und frisch gemahlener schwarzer Pfeffer

Zum Servieren

500 g Wassermelone, in 6 Spalten geschnitten
warmes Pita-Brot
griechische marinierte Oliven
Salat

Für die Sardinen

3 EL (45 ml) Olivenöl
2 Schalotten, fein gehackt
3 Knoblauchzehen, zerdrückt
1 rote Chili, entkernt und fein gehackt
2 kleine Bund Koriander oder glatte Petersilie, fein gehackt
12 frische Sardinen, ausgenommen und entgrätet
Saft von 1 Zitrone

Dieses Fondue erinnert an sonnige, entspannte Ferientage auf den griechischen Inseln. Salzige Oliven, mit Chili gewürzte Sardinen und frische Wassermelone passen perfekt zu diesem Fondue.

Feta-Fondue mit Sardinen und Wassermelone

12 Zahnstocher 30 Minuten in kaltem Wasser einweichen. Für die Sardinen 1 Esslöffel des Öls in einer Pfanne erhitzen, Schalotten und Knoblauch darin einige Minuten braten, dann die Chili und Koriander zufügen. Die Sardinen jeweils auf der Fleischseite mit dieser Schalottenmischung bestreichen, vom Kopf in Richtung Schwanz aufrollen und mit einem Zahnstocher fixieren.

Joghurt und Milch langsam erhitzen, aber nicht zum Kochen bringen. Dann den Käse zufügen und so lange rühren, bis eine glatte Creme entsteht. Die Speisestärke mit 30 Millilitern Wasser verrühren und in die Käsemischung einrühren. Mit Salz und Pfeffer würzen. So lange weiterköcheln lassen, bis die Masse eindickt, dann in den Fonduetopf umfüllen und auf das Rechaud stellen.

Das restliche Olivenöl in einer Pfanne erhitzen und darin die Sardinen 3–4 Minuten braten. Mit dem Zitronensaft beträufeln und mit Wassermelonenstücken, warmem Pita-Brot, Oliven und Salat servieren.

ZUTATEN

Für 4–6 Personen

250 ml Milch

6 Thymianzweige, die holzigen Teile entfernt, gehackt, plus einige Blätter zum Garnieren

200 g fettarmer Frischkäse

120 g milder, weicher Ziegenkäse

1 EL Speisestärke

Salz und frisch gemahlener schwarzer Pfeffer

Für die Kartoffeln

450 g durchwachsene Streifen Frühstücksspeck (Bacon)

1 kg kleine, neue Kartoffeln

24 kleine Lorbeerblätter

frisch gemahlener schwarzer Pfeffer

VARIATIONEN

- *Statt Thymian kann man auch frische Petersilie und statt Frühstücksspeck italienische Pancetta verwenden.*
- *Die Kartoffeln kann man mit frischem Basilikum umwickeln.*

Nach Lorbeer duftende Kartoffeln, mit dünnen Speckscheiben umwickelt und dann in herben Ziegenkäse getaucht – wenn das kein Gedicht ist!

Ziegenkäse-Thymian-Fondue mit knusprigen Speckkartoffeln

Zuerst die Kartoffeln vorbereiten. Dazu den Backofen auf 200 °C vorheizen, die Speckstreifen jeweils mit dem Messerrücken in die Länge ziehen, dann quer in zwei Hälften schneiden. Jeweils eine Kartoffel und ein Lorbeerblatt mit einem Stück Speckscheibe umwickeln und mit der Nahtstelle nach unten auf ein Backblech legen. Mit Pfeffer würzen und 30–35 Minuten backen, bis die Kartoffeln gar und die Speckstreifen knusprig sind.

Unterdessen die Milch, bis auf 2 Esslöffel, zusammen mit dem Thymian erwärmen, aber nicht kochen. Frischkäse und Ziegenkäse zufügen, mit dem Schneebesen verrühren, bis eine glatte Creme entsteht.

Die Speisestärke mit der restlichen Milch zu einer Paste verrühren, dann zum Fondue geben und so lange rühren, bis die Masse dicker geworden ist. Mit Salz und Pfeffer würzen, dann in einen Fonduetopf umfüllen, einige Thymianblätter darüberstreuen und auf das Rechaud stellen. Die Kartoffeln heiß zum Dippen servieren.

ZUTATEN

Für 4 Personen

450 ml Milch

200 g Dolcelatte-Käse (ersatzweise milder Gorgonzola), gewürfelt

120 g geriebener Mozzarella

Salz und frisch gemahlener schwarzer Pfeffer

1 EL Speisestärke

4 EL (60 ml) trockener Weißwein

Für die Rosmarinspießchen

12 Rosmarinzweige (à 15 cm)

12 Scheiben luftgetrockneter Schinken, längs halbiert

400 g frisches Walnussbrot, in große Würfel geschnitten

12 verzehrfertige Backpflaumen, entsteint

2 Zucchini, der Länge nach halbiert und in 1 cm breite Scheiben geschnitten

2 EL (25 g) Butter

2 EL Olivenöl

1 Knoblauchzehe, zerdrückt

VARIATIONEN

Auf die Rosmarinzweige können Sie auch andere Köstlichkeiten aufspießen, zum Beispiel Wurststücke, festes Fischfilet wie Lachs oder Kabeljau und Gemüse wie Pilze oder Cocktailtomaten.

Fonduta ist die italienische Version eines Fondues, die meist aus einer Käsemischung gemacht wird – aus Fontina, Provolone oder Gorgonzola. Bei diesem Rezept wird Dolcelatte-Käse mit Mozzarella vermischt.

Italienische Fonduta mit Rosmarinspießchen

Von den Rosmarinzweigen alle Blätter bis auf die obersten entfernen, die Zweige 30 Minuten in kaltem Wasser einweichen. Die Milch auf dem Herd in einem Fonduetopf langsam erhitzen, den Käse zugeben und so lange rühren, bis eine glatte Masse entsteht. Mit Salz und Pfeffer würzen.

Die Speisestärke mit dem Wein verrühren, zur Käsemischung geben und rühren, bis die Masse andickt.

In der Zwischenzeit die Rosmarinspießchen vorbereiten. Dazu auf jeden der eingeweichten Rosmarinzweige erst ein Stück Schinken stecken, dann einen Brotwürfel, eine Backpflaume und eine Zucchinischeibe, dabei den Schinken mehrmals durchstechen, sodass er sich um die anderen Zutaten herumwindet.

Butter und Öl in einer großen Pfanne erhitzen und den Knoblauch bei geringer Hitze einige Minuten anbraten. Die Spießchen hinzugeben und auf jeder Seite Minute braten, bis sie heiß und goldbraun sind. Den Fonduetopf am Tisch auf das Rechaud stellen.

ZUTATEN

Für 4–6 Personen

1 kg vollreife Strauchtomaten
Salz und frisch gemahlener schwarzer Pfeffer
3 EL (45 ml) Olivenöl, plus Öl zum Ausbacken
1 große Zwiebel, fein gehackt
2 Knoblauchzehen, zerdrückt
2 EL (30 ml) Worcestersauce
1 TL brauner Zucker
250 g Mascarpone-Frischkäse
1 kleines Bund Basilikum oder glatte Petersilie, zerpflückt oder gehackt

Für die Auberginen

18 Babyauberginen, längs halbiert, oder 2 Auberginen, jede in 1 cm breite Scheiben geschnitten und diese dann halbiert, sodass halbmondförmige Stücke entstehen
1 Glas Pesto (ca. 190 g)
200 g Polenta (Maisgrieß; fertig vorgegart)

VARIATION

Statt normalem Pesto können Sie auch rotes Pesto, Olivenpaste oder, wenn Sie es schärfer mögen, etwas Harissa-Paste (siehe Seite 45) verwenden.

Eine pikante, feine Tomatensauce ist einfach himmlisch zum Dippen von knusprigen, mit Polenta und Pesto gebratenen Auberginenscheiben.

Fondue aus Mascarpone und Tomaten mit gebackenen Auberginen

Den Ofen auf 200 °C vorheizen. Die Tomaten in eine Auflaufform legen, mit Salz und Pfeffer würzen, mit 2 Esslöffeln des Olivenöls besprenkeln und 20 Minuten im Ofen backen.

In der Zwischenzeit das restliche Öl in einer großen Pfanne erhitzen, Zwiebel und Knoblauch darin 10 Minuten bei geringer Hitze glasig dünsten. Die Tomaten aus dem Ofen nehmen, die Haut abziehen, mit Worcestersauce und Zucker in die Pfanne geben. Noch einmal mit Salz und Pfeffer abschmecken. 15–20 Minuten köcheln lassen und mit einem hölzernen Kochlöffel zerteilen.

Je eine Schnittfläche der Auberginen mit Pesto bestreichen. Die Polenta auf einem Teller verteilen und die bestrichenen Seiten der Auberginen hineindrücken. In einer großen Pfanne viel Öl erhitzen und die Auberginen portionsweise 3–4 Minuten auf jeder Seite braten.

Mascarpone und Basilikum in die Tomatensauce rühren. In einen Fonduetopf umfüllen und auf das Rechaud stellen. Mit den Auberginen servieren.

Fondues mit Brühe

Hierbei garen die Gäste am Tisch mundgerechte Portionen aus Fisch und Meeresfrüchten, Fleisch-, Gemüse- und Tofuhäppchen. Sogar gefüllte Pasta in aromatisch brodelnder Brühe kann so als Fondue zubereitet werden.

ZUTATEN

Für 4–6 Personen

- *8–12 ganze rohe geschälte Riesengarnelen mit Schwanz, der Darm entfernt*
- *2 Lachs- oder Thunfischfilets ohne Haut (à 150 g)*
- *6 EL Miso-Paste, verrührt mit 1,75 l Wasser oder Brühe*
- *1 Handvoll Korianderblätter*
- *2–3 Frühlingszwiebeln, in Ringen*
- *1 kleines Bund Brunnenkresse oder Rucola*
- *50 g Enokitake-Pilze (Asia-Shop) oder Champignons*
- *Sojasauce und Wasabi-Paste oder Meerrettichsauce, zum Servieren*
- *200 g feine chinesische Eiernudeln*
- *8–12 Stängel Zitronengras oder Holzspieße*

Für die Marinade

- *abgeriebene Schale und Saft von 2 Zitronen*
- *2 EL (30 ml) Sojasauce*
- *2,5-cm-Stück Ingwer, geschält und fein gehackt*
- *2 Knoblauchzehen, fein gehackt*
- *1 EL (15 ml) flüssiger Honig*
- *1 rote Chili, entkernt und gehackt*

TIPP

Die Nudeln sind einfacher zu essen, wenn man sie vor dem Zubereiten in Stücke schneidet.

Bei diesem einfach zubereiteten Fondue werden Garnelen und kleine Fischhäppchen in Knoblauch, Ingwer und Chili mariniert, auf Zitronengrasstängel gespießt und schließlich am Tisch in einer Brühe gegart.

Mongolischer Feuertopf

Die Garnelen waschen, trocken tupfen und in eine tiefe Servierschüssel legen. Die Lachsfilets in 2,5 Zentimeter große Würfel schneiden und zu den Garnelen geben.

Die Marinadezutaten miteinander verrühren und über Garnelen und Fisch gießen. Alles gut in der Marinade wenden, dann die Schüssel abdecken und mindestens 10 Minuten im Kühlschrank marinieren (am besten 2 Stunden).

Die angerührte Brühe in einen Topf gießen, Koriander und Frühlingszwiebeln hinzugeben und alles zum Kochen bringen. In einen Fonduetopf umfüllen und diesen auf das Rechaud stellen oder die Brühe in einen echten Feuertopf gießen und warm halten.

Kresse und Pilze auf Tellern anrichten, Sojasauce und Wasabi-Paste in kleine Schälchen füllen. Die Nudeln in die Brühe geben und köcheln lassen.

Nun kann jeder am Tisch einen Fischwürfel mit einem Salatblatt und einem Pilz auf einen Zitronengrasstängel aufspießen. Der Spieß wird 1 Minute in die Brühe gehalten, bis der Fisch gar ist, dann in Sojasauce und Wasabi-Paste dippen. Wenn Fisch und Garnelen aufgegessen sind, können Sie die restliche Brühe mit den Nudeln auf Suppenschälchen verteilen und genießen.

ZUTATEN

Für 4–6 Personen

450 g Filetsteak (Rinderlende)
250 g Tofu, in 1 cm große Würfel geschnitten
200 g Zuckererbsen oder grüne Bohnen, schräg halbiert
1 Bund Frühlingszwiebeln, schräg in 2,5 cm breite Scheiben geschnitten
Saft von 1 Limette
1 kleines Bund Koriander, gehackt
Limettenspalten und gekochter Jasmin- und Wildreis, zum Servieren

Für die Marinade

2,5-cm-Stück frischer Ingwer, geschält und fein gehackt
1 Knoblauchzehe, zerdrückt
1 EL körniger Senf
4 EL (60 ml) Sojasauce
1 EL (15 ml) Sesamöl

Für die Warishita-Brühe

2 EL brauner Zucker
3 EL (45 ml) japanischer Mirin-Reiswein oder süßer Sherry
100 ml Sojasauce
100 ml Gemüsebrühe

Bei diesem japanischen Gericht werden dünne Scheiben von mariniertem Rindfleisch, Tofu und Gemüse gebraten, in einer süßpikanten Brühe gegart und mit köstlicher Marinade aus Ingwer und Senf serviert.

Fondue Sukiyaki-Art

Das Filetsteak zwischen zwei Lagen Backpapier legen und mit einem Fleischklopfer flach klopfen. In 2,5 Zentimeter breite, mundgerechte Streifen schneiden.

Alle Zutaten für die Marinade in eine große Schale geben, das Fleisch und den Tofu hinzufügen und in der Marinade wenden, sodass alles gut bedeckt ist. Beiseitestellen. Die Zutaten für die Warishita-Brühe in einer Schüssel oder einem hohen Rührgefäß verquirlen.

Eine Pfanne sehr heiß werden lassen, dann zum Tisch bringen und auf das Rechaud stellen. Marinierte Rindfleisch- und Tofuwürfel portionsweise in die Pfanne geben (die Marinade aufbewahren), von jeder Seite einige Sekunden anbraten, dabei mit langen Essstäbchen wenden. Brühe und etwas Gemüse zugeben und alles einige Minuten köcheln lassen, bis das Gemüse weich ist, dann Limettensaft und Koriander zufügen. Die Marinade in Schälchen geben.

Die Zutaten aus der Pfanne in die Marinade dippen. Dazu Limettenspalten mit Jasmin- und Wildreis reichen.

VARIATION

Dieses Fondue kann statt mit Rinderfilet auch mit Thunfischsteaks zubereitet werden.

ZUTATEN

Für 4–6 Personen

200 g geschälte rohe Garnelen, der Darm entfernt

350 g Kabeljau- oder anderes festes weißes Fischfilet, enthäutet

1 Bund Frühlingszwiebeln, gehackt

2 Kaffir-Limettenblätter, fein gehackt

1 Stängel Zitronengras, fein gehackt

1 EL (15 ml) Sojasauce

2 EL Speisestärke

1,5 l Instant-Misosuppe oder Hühnerbrühe

200 g Glasnudeln, in kaltem Wasser eingeweicht

1 kleines Bund Koriander, gehackt

Für die marinierten Babymaiskolben

1 rote Chili, entkernt und fein gehackt

1-cm-Stück frischer Ingwer, geschält und gerieben

1 TL (5 ml) Honig

1 TL (5 ml) Reisessig

1 TL (5 ml) Sesamöl

1 EL frischer gehackter Koriander

130 g Babymaiskolben

Dieses Thai-Gericht kombiniert scharfe, saure, herzhafte und süße Aromen. Nach Zitronengras und Limettenblättern duftende Garnelenbällchen werden mit süßen, knackigen Babymaiskolben gegessen.

Tom-Yam-Suppe

Die Garnelen abspülen und trocken tupfen. Alle verbliebenen Gräten aus dem weißen Fischfilet entfernen. Garnelen, Fisch, Frühlingszwiebeln, Kaffir-Limettenblätter, Zitronengras und Sojasauce in einem Standmixer oder einer Küchenmaschine zu einer groben Paste verarbeiten. Zu kleinen Bällchen rollen (etwa so groß wie Cocktailtomaten), diese leicht mit Speisestärke bestäuben, dann nebeneinander auf einen großen Teller legen und kühl stellen.

Für die Babymaiskolben Chili, Ingwer, Honig, Reisessig, Öl und den gehackten Koriander in einer Schüssel verrühren, die Babymaiskolben hinzufügen und das Ganze 1–2 Stunden marinieren.

In einem Fonduetopf die Brühe zum Kochen bringen. Die Nudeln mit einer Schere in kurze Stücke schneiden, zusammen mit dem Koriander in die kochende Brühe geben. Den Topf am Tisch auf das Rechaud stellen.

Die Gäste lassen die Garnelenbällchen in die heiße Brühe gleiten und so lange köcheln, bis diese rosa und durchgegart sind (1 Minute). Dazu die marinierten Maiskolben reichen, auf Zahnstocher oder Cocktailspieße gesteckt, damit man sie gut knabbern kann.

ZUTATEN

Für 4 Personen

1 Poularde (ca. 2 kg) mit Hühnerklein, in 8 Stücke zerteilt

1 Petersilienstängel

1 EL schwarze Pfefferkörner

1 Lorbeerblatt

300 g Babykarotten, geputzt, Schalen und Grün für den Sud aufbewahren

175 g Babylauch, geputzt, Abschnitte für den Sud aufbewahren

2 EL (25 g) Butter

1 EL (15 ml) Olivenöl

Salz und frisch gemahlener schwarzer Pfeffer

300 g Schalotten, ggf. halbiert

200 ml trockener Weißwein

800 g neue Babykartoffeln

120 g Schlagsahne oder Crème double

1 kleines Bund Petersilie oder Estragon, gehackt, zum Garnieren

In Frankreich wird der Pot au feu sowohl mit Rindfleisch als auch mit Huhn gemacht. Bei diesem Rezept köcheln zarte Stücke vom Huhn mit Frühlingsgemüse in einer nach Wein und Kräutern duftenden Brühe.

Pot au feu mit Huhn

Das Hühnerklein in einen großen Topf legen. Petersilie, Pfeffer, Lorbeer und die Reste von Karotten und Lauch hinzugeben. Mit kaltem Wasser bedecken und zum Kochen bringen. 45 Minuten köcheln lassen, durch ein Sieb gießen, dabei die Brühe auffangen. Unterdessen die Butter zusammen mit dem Olivenöl in einer Pfanne schmelzen, die Hühnchenteile dazugeben, mit Salz und Pfeffer würzen und rundum anbräunen. Herausnehmen, auf einen Teller legen und die Schalotten in die Pfanne geben. Bei geringer Hitze 20 Minuten garen, dabei gelegentlich umrühren.

Das Fleisch wieder in die Pfanne geben und den Wein angießen. Die Bratflüssigkeit mit einem Holzlöffel vom Pfannenboden lösen, dann Karotten, Lauch und Kartoffeln zufügen. So viel Brühe zugießen, dass alles gerade bedeckt ist. Zum Kochen bringen und zugedeckt 20 Minuten köcheln lassen. Die Sahne einrühren.

In einen Fonduetopf umfüllen und auf das Rechaud stellen. Mit Kräutern bestreuen.

TIPPS

- *Übrig gebliebene Brühe kann man zur weiteren Verwendung im Kühlschrank aufbewahren.*
- *Größere Kartoffeln müssen zuerst 5 Minuten gekocht werden, damit sie später im Topf mit den anderen Zutaten gar sind.*

ZUTATEN

Für 4–6 Personen

- *650 g Butternusskürbis (auch Moschuskürbis genannt)*
- *100 g frisch geriebener Parmesankäse*
- *1 Bund Petersilie, fein gehackt*
- *50 g Pinienkerne, geröstet*
- *Salz und frisch gemahlener schwarzer Pfeffer*
- *500 g frische Lasagneblätter*
- *1 Ei, verquirlt*
- *900 ml frische Hühnerbrühe*

Für die Sauce

- *50 g Walnusskerne*
- *5 getrocknete Aprikosen, grob gehackt*
- *2 Scheiben Vollkornweizenbrot*
- *250 g Ricotta*
- *75 ml Milch*

TIPP

Pinienkerne werden am besten kurz ohne Fett in einer Pfanne geröstet, bis sie sich goldbraun färben und ein wundervolles Aroma verströmen. Dabei die Pfanne häufig schwenken, damit die Kerne nicht anbrennen.

Das von der italienischen Küche inspirierte Rezept für das Kochen am Tisch: Kleine Ravioli werden in einer cremigen Walnusssauce serviert.

Walnusssauce mit Butternusskürbis-Ravioli

Den Backofen auf 200 °C vorheizen. Den Kürbis auf einem Backblech 45 Minuten backen.

Den gebackenen Kürbis der Länge nach halbieren, die Kerne entfernen und das Fruchtfleisch herausschaben. Das Fruchtfleisch mit Parmesan, der Hälfte der Petersilie, Pinienkernen sowie Salz und Pfeffer in einer Küchenmaschine oder einem Standmixer grob pürieren.

Mit einem runden Ausstechförmchen von 6 Zentimetern Durchmesser aus jedem Lasagneblatt 2 Kreise ausstechen. Auf die Hälfte der Kreise jeweils mittig 1 Teelöffel der Kürbismischung setzen, dann alle Teigränder mit etwas Ei bestreichen. Auf jeden Kreis einen zweiten legen, die Seiten zusammendrücken. Die fertigen Ravioli auf eine Servierplatte legen.

Für die Sauce Walnusskerne, Aprikosen, Brot und übrige Petersilie in der Küchenmaschine oder im Standmixer zu feinen Krümeln verarbeiten. Den Ricotta zufügen, alles kurz verrühren und in einen Topf geben, die Milch zugießen und alles langsam erhitzen. Ständig rühren, bis die Sauce glatt ist. In eine vorgewärmte Sauciere gießen.

Die Brühe im Fonduetopf aufkochen, am Tisch auf das Rechaud stellen.

Die Ravioli 2–3 Minuten in der Brühe kochen lassen, dann mit Drahtkörbchen, Fonduegabeln oder Zangen herausschöpfen und mit der warmen Walnusssauce genießen.

Fondues mit Öl

Bei diesen Fondues werden köstliche Leckerbissen im Handumdrehen direkt am Tisch gegart und mit aromatischen Dip-Saucen serviert. Probieren Sie einmal Fischgeschnetzeltes mit Guacamole, Krebsküchlein oder Tempura.

ZUTATEN

Für 4–6 Personen

450 g Seezunge oder Forelle
120 g Mehl
2 TL Chilipulver
Salz
2 Eier, verquirlt
200 g Paniermehl
Pflanzenöl, zum Frittieren
frisch gemahlener schwarzer Pfeffer
4–6 weiche Weizentortillas, in Dreiecke geschnitten
Limettenspalten, zum Servieren

Für die Guacamole

4 große reife Avocados, halbiert
Saft und feine Zesten von 2 Limetten
1 Knoblauchzehe, zerdrückt
200 g Crème fraîche
2 Frühlingszwiebeln, fein gehackt
Salz und frisch gemahlener schwarzer Pfeffer

TIPP

Ein mexikanischer Trick, damit die Guacamole nicht braun wird: Den Kern der Avocado in die Mitte der fertigen Creme drücken, diese dann fest mit Frischhaltefolie abdecken. Den Kern vor dem Servieren wieder herausnehmen.

Kleine Stücke Seezunge oder Forelle bekommen eine würzige Panade mit einem Hauch Chili und werden am Tisch kross frittiert. Serviert werden sie mit einer extrasahnigen Guacamole – eine köstliche Kombination!

Knuspriger Chili-Fisch mit Guacamole und Tortillas

Die Fischfilets schräg in 5 Millimeter dicke und 6 Zentimeter lange Stücke schneiden. Das Mehl auf einem Teller mit Chilipulver und Salz mischen. Die Eier in eine flache Schale und das Paniermehl in einen tiefen Teller geben. Die Fischstücke zuerst im Chili-Mehl, dann in den Eiern und schließlich im Paniermehl wenden und kühl stellen.

Für die Guacamole die Avocados entkernen. Das Fruchtfleisch herausschaben und mit Limettensaft, Knoblauch, Crème fraîche und Frühlingszwiebeln zerdrücken. Mit Salz und Pfeffer würzen. In eine Servierschüssel füllen, mit den Limettenzesten garnieren und kühl stellen.

Das Öl in einem Topf auf 190 °C erhitzen (ein Brotwürfel sollte darin in 60 Sekunden braun werden). Den Topf auf das Rechaud stellen.

Die Fischstücke im heißen Öl frittieren, bis sie goldgelb sind. Die Tortillastücke einige Sekunden mitfrittieren, mit einer Zange herausnehmen. In die Guacamole dippen, dazu die Limettenspalten reichen.

ZUTATEN

Für 4–6 Personen

2 TL Chiliflocken
1 EL Kreuzkümmelsamen
1-cm-Stück Zimtstange
1 TL Senfkörner
1 TL gemahlene Kurkuma
1 Dose (400 g) Kichererbsen, abgetropft
400 g Hackfleisch
1 große Zwiebel, fein gehackt
2 große Knoblauchzehen, zerdrückt
1 Ei
1 EL (15 ml) Worcestersauce
2 EL (30 ml) Tomatenmark
1 kleines Bund Petersilie, gehackt
Salz und frisch gemahlener schwarzer Pfeffer
Pflanzenöl, zum Frittieren

Für den Harissa-Dip

225 g stichfester griechischer Joghurt
1 1/2 EL (25 ml) Rosenwasser
2 TL (10 ml) fertige Harissa-Sauce

TIPPS

- *Für die Fleischbällchen können Rinder-, Hühner- oder Lammhack verwendet werden.*
- *Für vegetarische Bällchen das Hackfleisch durch Tofu oder Grünkern ersetzen.*

Harissa ist eine würzige Chilisauce, die mit Joghurt und Rosenwasser vermischt zu einem raffinierten Dip wird. Die perfekte Beilage zu den würzigen Mini-Fleischbällchen, die in ein paar Minuten fertig frittiert sind.

Würzige marokkanische Fleischbällchen mit Harissa

Chiliflocken, Kreuzkümmelsamen, Zimt, Senfkörner und Kurkuma in einem Mörser zerstoßen.

Die Kichererbsen in der Küchenmaschine zu einer Paste verarbeiten. In eine große Schüssel geben und Hackfleisch, Zwiebel, Knoblauch, Ei, Worcestersauce, Tomatenmark und Petersilie zugeben. Die zerstoßenen Gewürze hinzufügen, alles mit Salz und Pfeffer würzen und vermischen.

Aus der Mischung etwa 60 Bällchen in der Größe von Cocktailtomaten formen. Auf eine Servierplatte legen und bis zum Servieren kühl stellen.

Für den Harissa-Dip den Joghurt mit Rosenwasser und Harissa-Sauce verrühren und bis zum Servieren kühl stellen.

Das Öl zum Frittieren in einem hohen Topf auf 190 °C erhitzen (ein Brotwürfel sollte darin in 30–60 Sekunden braun werden). Den Topf auf das Rechaud stellen.

Kurz vor dem Servieren den Dip aus dem Kühlschrank nehmen. Die Fleischbällchen 5 Minuten im heißen Öl frittieren.

ZUTATEN

Für 4–6 Personen

25 g Glasnudeln
250 g Schweinehackfleisch
1 Bund Frühlingszwiebeln, fein gehackt
200 g Bohnensprossen
1 kleines Bund Koriander, gehackt
1 EL (15 ml) Sojasauce
1 TL (5 ml) thailändische Fischsauce
1 TL brauner Zucker
250-g-Packung kleine Frühlingsrollen-Teigblätter, 12 cm im Quadrat
1 EL Mehl, gemischt mit 1 EL Wasser
Pflanzenöl, zum Frittieren
Korianderzweige und Salatblätter, zum Garnieren

Für die Saté-Sauce

1 kleine frische Chili, entkernt
1 Knoblauchzehe, fein gehackt
1 EL (15 ml) Pflanzenöl
1 Dose Kokosmilch (400 ml)
2 EL brauner Zucker
4 EL Erdnussbutter
2 EL gehackte Erdnüsse, zum Garnieren

VARIATIONEN

Für die Füllung können auch Hühnerhack und gehackte Garnelen verwendet werden.

Diese vietnamesischen Frühlingsröllchen werden in ihrem Heimatland frisch zubereitet an Straßenständen als Snack angeboten.

Frühlingsrollen mit Saté-Sauce

Die Glasnudeln 10 Minuten in heißem Wasser einweichen, dann gut abtropfen lassen und in kürzere Stücke schneiden. In einer großen Schüssel mit Hackfleisch, Frühlingszwiebeln und Sprossen mischen. Koriander, Sojasauce, Fischsauce und Zucker untermengen.

Ein Frühlingsrollen-Teigblatt so hinlegen, dass eine Ecke auf Sie zeigt. Mit etwas Wasser bepinseln, damit der Teig weicher wird. 1 Teelöffel der Füllung etwas unterhalb der Mitte auf das Teigblatt setzen, die untere Ecke darüberklappen, das Ganze einmal rollen, dann die beiden Seiten einklappen, die Teigränder mit dem Mehl-Wasser-Gemisch einpinseln und die Enden festdrücken, um die Röllchen zu verschließen. Mit den restlichen Teigblättern ebenso verfahren.

Das Öl zum Frittieren in einem hohen Topf auf 190 °C erhitzen und auf das Rechaud stellen.

Für die Saté-Sauce Chili und Knoblauch in einem Mörser zerstoßen. Das Öl in einer Pfanne erhitzen und die Chilipaste kurz anbraten. Kokosmilch, Zucker und Erdnussbutter zufügen. Alles verrühren und 5 Minuten köcheln lassen. In einer Schüssel abkühlen lassen und mit Erdnüssen garnieren.

Die Frühlingsröllchen 2 Minuten im heißen Öl frittieren, bis diese goldbraun sind. Nach Geschmack mit dem Koriander in ein Salatblatt wickeln. Zum Dippen die Saté-Sauce reichen.

ZUTATEN

Für 4–6 Personen

200 g Kabeljau- oder Seelachsfilet, enthäutet
200 g frisches weißes Krebsfleisch oder 2 Dosen weißes Krebsfleisch (à 120 g), abgetropft
1 EL (15 ml) rote Currypaste
2 TL (10 ml) thailändische Fischsauce
120 g grüne Bohnen, fein gehackt
200 g Paniermehl
Pflanzenöl, zum Frittieren

Für das Relish

1 kleine Salatgurke
2 Schalotten, fein gehackt
2 kleine rote Chilis, entkernt und fein gehackt
1 1/2 EL Zucker
1 EL (15 ml) Wasser
3 EL (45 ml) Reisessig

TIPP

Wenn Ölfondues im Topf auf dem Tisch heiß bleiben sollen, verwenden Sie am besten ein Küchenthermometer. Damit können Sie stets überprüfen, ob die Temperatur sich verändert.

Diese Küchlein haben ein fleischiges Inneres und eine knusprige Hülle. Sie werden mit einem scharfen thailändischen Gurken-Relish serviert.

Krebsküchlein mit Gurken-Relish

Die Fischfilets von allen verbliebenen Gräten befreien und in eine Küchenmaschine geben. Krebsfleisch, Currypaste, Fischsauce und grüne Bohnen hinzufügen, gut mixen und 1 Stunde kalt stellen.

Die Krebsmasse mit geölten Händen zu etwa 20 kleinen, flachen Küchlein formen. Diese im Paniermehl wenden und auf eine Servierplatte legen. Bis zum Servieren kalt stellen.

Für das Relish die Gurke in dünne Streifen hobeln oder fein hacken. In eine Servierschüssel geben, Schalotten und Chilis zugeben. Den Zucker zusammen mit Wasser und Essig in einem kleinen Topf erhitzen, gelegentlich umrühren, bis der Zucker aufgelöst ist, dann abkühlen lassen. Die abgekühlte Flüssigkeit über die Gurkenmischung gießen und das Ganze in kleine Servierschälchen füllen.

Das Öl zum Frittieren in einem hohen Topf auf 190 °C erhitzen (ein Brotwürfel sollte darin in 30–60 Sekunden braun werden). Den Topf auf das Rechaud stellen.

Die Krebsküchlein zum Frittieren 3–5 Minuten ins heiße Öl tauchen, bis diese goldbraun sind. Mit Essstäbchen, Zangen oder Drahtkörbchen wieder herausheben. Zum Dippen das Gurken-Relish reichen.

ZUTATEN

Für 4–6 Personen

1 Aubergine
2 rote Paprika
250 g Mehl, plus etwas mehr zum Bestäuben
4 Babytintenfische, in Ringen
200 g grüne Bohnen, geputzt
12 Stängel Brunnenkresse
Pflanzenöl, zum Frittieren
2 Eigelb
475 ml Eiswasser
1 TL Salz

Für den Dip

200 ml Wasser
3 EL (45 ml) Mirin-Reiswein oder süßer Sherry
10 g Bonito-Flocken (im Asia-Shop auch Katsuobushi)
3 EL (45 ml) Sojasauce

Zum Servieren

frisch geriebener Ingwer
geriebener japanischer Rettich oder geriebene Radieschen

VARIATIONEN

- *In Tempura-Teig kann man fast alle Arten von Fisch und Meeresfrüchten ausbacken, wie Garnelen, Jakobsmuscheln, Schellfisch- oder Thunfischstücke.*
- *Blumenkohl, Brokkoli, Zuckererbsen und grüne Bohnen sind für Tempura auch gut geeignet.*

Knusprig ausgebackenes Gemüse und krosse Tintenfischringe passen bei diesem japanischen Gericht prima zu einem pikanten Dip.

Tempura

Für den Dip die Zutaten in einem Topf mischen, alles zum Kochen bringen, dann in kleine Servierschälchen abseihen und abkühlen lassen.

Aubergine und Paprika mit einem scharfen Messer in mundgerechte Streifen schneiden und auf eine Servierplatte legen. Ein wenig Mehl in einen Plastikbeutel geben, die Tintenfischringe hineinlegen. Den Beutel schütteln, bis die Tintenfischringe gut mit Mehl überzogen sind, dann auf die Servierplatte legen. Mit dem Gemüse und der Brunnenkresse ebenso verfahren.

Das Öl zum Frittieren in einem hohen Topf auf 190 °C erhitzen (ein Brotwürfel sollte darin in 30–60 Sekunden braun werden). Den Topf auf das Rechaud stellen.

Kurz vor dem Essen mit einem Schneebesen Eigelb und Eiswasser verquirlen. Mehl und Salz hinzugeben und kurz verrühren. Der Tempura-Teig sollte ein wenig klumpig, nicht glatt sein.

Mit Essstäbchen, Fonduegabeln oder Drahtkörbchen die bestäubten Häppchen in den Teig tauchen und dann sofort 2 Minuten im heißen Öl frittieren, oder bis sie kross sind. Nach Geschmack dippen, mit Ingwer und japanischem Rettich servieren.

TIPP

Wenn Sie keine Bonito-Flocken bekommen können, nehmen Sie für die Dip-Sauce als Ersatz anstelle von Wasser einfach 200 ml kräftige Fischbrühe.

ZUTATEN

Für 4–6 Personen

4 Maiskolben

450 g Kartoffeln, geschält und in gleich große Stücke geschnitten

2 Eier

1 Spritzer Tabascosauce

1 TL (5 ml) Worcestersauce

Salz und frisch gemahlener schwarzer Pfeffer

200 g Kokosraspel

Pflanzenöl, zum Frittieren

Korianderblätter, zum Garnieren

Für die Salsa

90 g geschälte Mango, fein gewürfelt

90 g geschälte Papaya, fein gewürfelt

2,5-cm-Stück frischer Ingwer, geschält und fein gerieben

1 Schalotte oder 1/2 kleine rote Zwiebel, fein gehackt

abgeriebene Schale und Saft von 1 Limette

Ein tropisches Fondue – karibisch entspannt, aber lebhaft. Die Kokos-Maisküchlein werden frittiert und mit einer pikanten Salsa serviert.

Karibische Maisküchlein mit Salsa

Den Mais im Ganzen und die Kartoffeln in einen großen Topf mit kochendem Wasser geben und 10–15 Minuten kochen, bis die Kartoffeln gerade weich werden. Dann abgießen.

Unterdessen für die Salsa alle Zutaten in einer Schüssel vermischen. In eine Servierschüssel geben und ruhen lassen, damit sich die Aromen verbinden können.

Die Kartoffeln stampfen und die Maiskörner von den Kolben abstreifen. Mit Eiern, Tabasco- und Worcestersauce in eine große Schüssel geben. Mit Salz und Pfeffer würzen und gut vermischen. Die Masse zu etwa 18 kleinen Häufchen formen, diese leicht flach drücken. Die Kokosraspel auf einen Teller schütten und jedes Küchlein hineindrücken, bis es auf allen Seiten mit Kokos überzogen ist. Auf einer Servierplatte bis zum Servieren kühl stellen.

Das Öl zum Frittieren in einem hohen Topf auf 190 °C erhitzen (ein Brotwürfel sollte darin in 30–60 Sekunden braun werden). Den Topf auf das Rechaud stellen.

Die Maisküchlein zum Frittieren 3–5 Minuten vorsichtig in das heiße Öl tauchen, oder bis diese goldbraun sind. Mit Drahtkörbchen oder Zangen herausheben und mit Salsa und Korianderblättern garniert verzehren.

Süße Fondues

Diese Desserts sind absolut unwiderstehlich. Sie haben die Wahl zwischen einer cremigen Vanillesauce mit Mini-Baisers, einem Brombeerfondue mit Feigen, einem üppigen Schokoladenfondue oder ausgebackenen Bananen mit Papayacreme.

ZUTATEN

Für 4–6 Personen

120 ml Milch
300 g Schlagsahne
1 Vanillestange, der Länge nach aufgeschlitzt
4 Eigelb
50 g Vanillezucker
200 g frische gemischte Beeren, zum Servieren

Für die Baisers

120 g frische Himbeeren
3 Eiweiß
175 g feiner Zucker

Kleine Baisers und frische Beeren in sahniger Eier-Vanille-Creme machen dieses Dessertfondue zu einem tollen Abschluss für ein sommerliches Menü.

Crème anglaise mit Himbeerbaisers

Für die Baisers den Backofen auf 120 °C vorheizen und zwei Backbleche mit Backpapier belegen. Die Himbeeren mit dem Stabmixer zu einem Püree verarbeiten, dann durch ein Sieb drücken. Das Eiweiß sehr steif schlagen. Die Hälfte des Zuckers teelöffelweise zugeben. Nach jedem Löffel weiterschlagen, bis eine feste, glänzende Masse entsteht. Den restlichen Zucker vorsichtig unterheben.

Kleine Häufchen der Eimasse (je etwa 2 Teelöffel) mit genügend Abstand auf die Backbleche setzen. Mit dem Rücken eines feuchten Teelöffels jeweils eine kleine Vertiefung in die Mitte drücken, je 1 Teelöffel Himbeerpüree hineingeben, dann wieder mit Baisercreme auffüllen.

Die Baisers 1½ Stunden backen, bis sie außen knusprig, aber innen etwas weich sind.

Milch, Sahne und Vanillestange in einem Topf erhitzen, bis das Ganze fast kocht. Eigelb und Zucker in einer großen Schüssel verquirlen, bis die Masse hell und cremig wird, dann die heiße Milch-Sahne-Mischung einrühren.

Wieder auf den Herd stellen und bei geringer Hitze unter ständigem Rühren köcheln, bis die Masse eingedickt ist.

In einen Fonduetopf auf dem Rechaud umfüllen. Die Crème anglaise über kleiner Flamme warm halten. Mit den Baisers und den Beeren zum Dippen servieren.

TIPPS

- *Damit die Baisers gelingen, verwenden Sie eine große Schüssel und achten Sie darauf, dass Schüssel und Schneebesen absolut sauber sind.*
- *Das Eiweiß so lange schlagen, bis es sehr steif ist, erst dann den Zucker zugeben.*
- *Bei der Crème anglaise das Eigelb nie zu stark erhitzen, da es sonst gerinnt.*

ZUTATEN

Für 4–6 Personen

200 g Zartbitterschokolade

75 ml starker schwarzer Kaffee

75 g feiner brauner Zucker

120 g Schlagsahne oder Crème double

kleine, feste Kugeln Vanilleeis, garniert mit Zuckerblümchen, zum Servieren

Für die pochierten Birnen

Saft von 1 Zitrone

90 g Vanillezucker

1–2 frische Rosmarinzweige

12–18 kleine oder 4–6 große Birnen

TIPPS

- *Um kleine Eiskugeln zu erhalten, verwenden Sie anstelle eines Eisportionierers einen Kugelausstecher für Melonen. Diesen zwischendurch immer in warmes Wasser tauchen.*
- *Damit die Eiskugeln beim Servieren sehr fest sind, können Sie das schon portionierte Eis auf einem Metalltablett noch einmal 1 Stunde einfrieren.*

Bei diesem himmlischen Dessert werden duftende Birnen und kleine, zart dekorierte Eiscremekugeln in ein üppiges Schokoladenfondue getaucht.

Schokoladenfondue mit Birnen

Für die pochierten Birnen Zitronensaft, Zucker, Rosmarin und 300 Milliliter Wasser in einem Topf erhitzen, der so groß ist, dass später die Birnen nebeneinander darin liegen können. Zum Kochen bringen, dabei gelegentlich umrühren, damit der Zucker sich gut im Wasser auflöst.

Die Birnen schälen, große Birnen halbieren, aber die Stiele intakt lassen. Zum kochenden Sirup in den Topf legen, dabei den Sirup über die Birnen löffeln, damit sie ganz davon überzogen sind.

Je nach Größe und Reifegrad der Birnen 5–10 Minuten kochen lassen, dabei die Birnen immer wieder wenden und Sirup darüberlöffeln, bis die Birnen beginnen, weich zu werden. Auf eine Servierplatte legen. Die Rosmarinzweige aus dem Sirup nehmen, die Rosmarinnadeln abziehen und in den Sirup rühren. Den Sirup abkühlen lassen.

Die Schokolade in Stücke brechen und in einer hitzebeständigen Schüssel über siedendem Wasser ohne zu rühren schmelzen. Dabei Kaffee und Zucker zugeben. Die Sahne zugeben und alles erneut langsam erhitzen. Die Schokoladencreme in einen Fonduetopf umfüllen, diesen auf das Rechaud stellen; den Brenner auf niedrige Hitze einstellen. Die Birnen zusammen mit dem Sirup und den Vanilleeiskugeln servieren.

ZUTATEN

Für 4–6 Personen

800 g Brombeeren

Saft von 2 Zitronen

175 g feiner Zucker

300 ml Zinfandel Roséwein, oder ein anderer milder Rosé

2 EL Speisestärke, mit 2 EL Wasser verrührt

7 EL (105 ml) Brombeerlikör (Crème de Mûre) oder Johannisbeerlikör (Crème de Cassis)

1 EL frisch gehackte Minze

16 reife, frische Feigen, geviertelt

Für das Gebäck

Mehl und Puderzucker, zum Bestäuben

375 g Blätterteig, TK-Ware aufgetaut

275 g Marzipanrohmasse

feiner Zucker, zum Bestäuben

VARIATION

Zum Dippen eignen sich bei diesem Fondue auch sehr gut Würfel aus süßem, weichem Gebäck, wie Stuten oder Hefezopf und knusprige Kekse.

Marzipanschnecken und frische Feigen schmecken köstlich, wenn sie in ein heißes Brombeerfondue getaucht werden, das zart nach Wein, Zitrone und Minze duftet. Ein ideales Fondue für den Spätsommer.

Brombeerfondue mit Feigen und Marzipangebäck

Den Ofen auf 180 °C vorheizen. Ein Backblech mit Backpapier auslegen und die Arbeitsfläche mit Mehl bestäuben. Den Teig zu einem 30 cm x 20 cm großen Rechteck ausrollen. Die Arbeitsfläche mit dem Puderzucker bestäuben und die Marzipanmasse in derselben Größe darauf ausrollen.

Die Marzipanschicht auf den Teig legen, dann das Ganze von der langen Seite her aufrollen. Die Teigrolle schräg in 1 Zentimeter breite Scheiben schneiden, auf die Backbleche legen. 15 Minuten backen, bis das Gebäck goldbraun ist. Abkühlen lassen und mit Zucker bestreuen.

Brombeeren und Zitronensaft mit dem Stabmixer pürieren, dann durch ein Sieb in einen Topf streichen. Zucker und Wein zufügen. Zum Kochen bringen und 20 Minuten köcheln. Dabei den Schaum abschöpfen. Die Speisestärke einrühren und unter Rühren weiterköcheln lassen, bis die Masse andickt. Dann den Likör zufügen.

In einen Fonduetopf umfüllen, Minze zufügen und mit Feigen und Gebäck servieren.

ZUTATEN

Für 4–6 Personen

Pflanzenöl, zum Frittieren
900 g Bananen
Saft von 1 Limette
Limettenspalten und Zucker, zum Servieren

Für den Frittierteig

175 ml Wasser
150 g Mehl
100 g Kokosraspel
1/2 TL Salz
6 EL (75 g) feiner Zucker
1 Ei, verquirlt

Für die Papayacreme

2 Papayas, geviertelt, entkernt und geschält
Saft von 1 Limette
300 g Schlagsahne
50 g Puderzucker, gesiebt

Bananen werden im Kokosteigmantel am Tisch ausgebacken. Als exotischer Dip passt dazu die Papayacreme mit einem Hauch Limette.

Frittierte Bananen mit Papayacreme

Die Teigzutaten in einer Schüssel verrühren. 20 Minuten an einem kühlen Ort stehen lassen, dann in eine Servierschüssel umfüllen.

Für die Papayacreme Papayas und Limettensaft in einer Küchenmaschine oder mit dem Stabmixer zu einem Püree verarbeiten. Die Sahne schlagen, bis sie gerade fest wird, dann das Papayapüree und den Zucker unterheben. Löffelweise in Servierschälchen geben und kalt stellen.

Das Öl zum Frittieren in einem hohen Topf auf 190 °C erhitzen (ein Brotwürfel sollte darin in 30–60 Sekunden braun werden). Den Topf auf das Rechaud stellen.

Die Bananen schälen und jeweils längs halbieren, dann die Hälften wiederum schräg in zwei etwa 7,5 Zentimeter lange Teile schneiden. Mit dem Limettensaft beträufeln, damit sie nicht braun werden, dann auf einer Servierplatte anrichten.

Jeder Gast kann nun seine eigenen frittierten Bananen zubereiten: Die Bananen zuerst in den Teig tauchen, bis sie gut überzogen sind, und dann etwa 30 Sekunden im Öl frittieren, bis sie knusprig goldbraun sind. Auf Küchenpapier abtropfen lassen, etwas Limettensaft darüberträufeln, mit Zucker bestreuen, in die Papayacreme dippen und genießen.

Register